PENSÉES POLITIQUES

SUR

LES PARTIS EN FRANCE.

IMPRIMERIE DE E. DUVERGER,
rue de Verneuil, n° 4.

PENSÉES POLITIQUES

SUR

LES PARTIS EN FRANCE

ET LES ÉVÉNEMENS DU JOUR.

Par J.-B. LECLERE.

~~~~~~~~~~~~~~~~
PRIX : 1 FR.
~~~~~~~~~~~~~~~~

A PARIS,

CHEZ L'AUTEUR, RUE JACOB, N° 26.
ET CHEZ LES MARCHANDS DE NOUVEAUTÉS.

———

1826.

PRÉFACE.

On se plaint aujourd'hui à tant de titres du ton dé-
clamatoire de nos écrivains politiques, et surtout de
la manière verbeuse avec laquelle ils commentent et
étendent leurs idées ; qu'on ne sera peut-être pas
fâché que je prenne ici la forme de pensées déta-
chées, pour jeter un regard sur notre situation pré-
sente et sur celle des partis en France. Cette forme,
je le sais, n'est pas, à beaucoup près, celle qui con-
vient à l'immense majorité des lecteurs, qui aiment
assez qu'on leur explique en détail chaque aperçu ou
point de vue; mais comme la plupart s'en tiennent
à la lecture des journaux, c'est à ceux qui, occupés
des affaires présentes, sont doués de sagacité et de
pénétration d'esprit, que je m'adresse. Puissé-je
avoir rencontré juste, et indiqué le remède en mon-
trant le mal !

PENSÉES POLITIQUES

LES PARTIS EN FRANCE.

On parle beaucoup en France de notre gouvernement constitutionnel et de son pacte fondamental. Quant à moi, je ne vois encore au milieu de nous qu'un monarque qui se fait aimer, qu'un ministère qui trouble et désorganise tout, que des chambres qui votent des lois impuissantes, enfin qu'une démocratie qui ne sait trop ce qu'elle veut èt ce qu'elle deviendra.

L'on détruit les grands hôtels de l'aristocratie et l'on construit à la place des maisons simples et commodes pour la petite propriété. Cela explique mieux que tous les raisonnemens du monde le mouvement de la société.

C'est une situation étrange que la nôtre, car il n'y a dans notre état social ni classification bien établie entre les pouvoirs, ni régularité dans les lois, ni ordre dans le mécanisme du gouvernement, et cependant tout marche sans grande violence. Cela provient, je crois, de ce que la liberté n'est pas encore bien comprise en France, et de ce que les pouvoirs ne sont pas tout-à-fait organisés selon l'esprit et les besoins des masses.

La France ne se divise plus comme jadis en clergé, noblesse et tiers-état. Elle se divise aujourd'hui en France agricole, France militaire, France littéraire ou libérale et en France industrielle. La force de la nation se trouve évidemment dans les trois premières de ces classes qui comprennent à la fois les propriétaires du sol et ceux qui vivent du surplus de leurs besoins, comme les militaires, les magistrats, les gens de lettres et les artistes. Ces trois classes, liées d'intérêt et de langage, s'entendent parfaitement entre elles et n'ont qu'un même but. Le malheur du temps vient de ce que les industriels, qui ne sont réellement puissans que dans quelques villes de la France, veulent tout gouverner à leur profit et marcher à la domination universelle.

L'opinion est la reine du monde, nous dit-on : oui; mais il faut qu'elle ait des représentans avoués par elle, qui sachent l'éclairer et la diriger : c'est ce qui manque, je crois, à tous les partis.

On se plaint aujourd'hui que l'esprit frondeur soit dans toutes les classes et dans tous les cœurs. Cela tient, j'ose le dire, à ce que personne n'est content de ce qui existe et ne se sent à sa place. Otez le mal, il n'y aura plus dans un peuple si porté à la reconnaissance que des cris d'amour et d'enthousiasme.

Tel qui, placé dans les rangs supérieurs du pouvoir, se plaint de n'être pas plus haut, serait, dans un poste de beaucoup inférieur, très content de son sort, s'il ne voyait pas au-dessus de lui des hommes qu'il méprise et dans lesquels il n'aperçoit que sottise et nullité.

———

Quoi qu'on fasse, le paysan qui cultive son champ ou sa vigne, dont il a hérité de ses pères ou qu'il a acquis au prix de ses sueurs, ne quittera pas facilement sa charrue ou son hoyau pour filer du coton ou fabriquer des tissus. C'est pourquoi je doute que la France puisse devenir réellement industrielle.

———

Il ne suffit pas de parvenir au pouvoir pour être assuré d'un long avenir. Si l'on ne se soutient sur les intérêts et les besoins de l'époque, il faut tôt ou tard succomber sous la force irrésistible de l'opinion publique : vérité triviale, mais bonne à redire.

———

Tant que le parti royaliste s'est vu éloigné du pouvoir, il a montré beaucoup d'adresse et d'habileté, mais une fois en possession de toutes les charges et de l'administration, il n'a guère commis que des fautes. La plus grande qu'il ait pu faire, à mon sens, c'est d'avoir éteint dans ses partisans ce degré d'exaltation et d'enthousiasme qui avait assuré ses succès, en mécontentant les uns et en divisant les autres. L'appui qu'il cherche dans les congrégations jésuitiques ne peut pas lui offrir de grandes ressources, car, de leur nature, elles ne s'adressent guère qu'aux

1 *

croyances religieuses; or, ce n'est qu'en parlant à toutes les gloires nationales que l'on peut aujourd'hui être réellement puissant en France.

———

Bien que l'activité et même la fermentation soient dans toutes les têtes, l'opinion publique est cependant sans force, et chacun se dit : Où allons-nous? qui nous indiquera notre route? Peut-être est-ce le prélude d'un grand changement qui doit amener un ordre régulier et une organisation définitive de notre état social.

———

Le mot *libéral* n'a plus de sens aujourd'hui, et ne désigne plus un ami de la liberté et de l'égalité depuis que l'on a vu certains libéraux courtiser avec empressement les grandes notabilités historiques et s'associer même à quelques-uns de leurs projets. Aucun parti ne réclame maintenant ce titre.

———

Parmi les députés de l'opposition, telle qu'elle existait en 1820, il se trouvait des hommes de beaucoup de talens, et d'autres d'un grand caractère, mais il leur a toujours manqué un homme qui réunît à la fois la profondeur et la sagacité de l'esprit à la fermeté du caractère. Sans la réunion de ces qualités, un orateur, quel qu'il soit, ne peut être bon chef d'opposition.

———

Dans aucun pays du monde la classe des propriétaires et celle des commerçans ne se sont vus d'un bon œil : c'est pourquoi les membres de l'opposition ont fait une grande faute en prônant, vantant les industriels aux dépens des autres classes de la société, dont la puissance est bien autrement forte dans la nation. S'il y a jamais lutte en France entre les masses, les industriels auront infailliblement le dessous.

Reconstruire n'a plus guère d'autre signification en politique que celle de détruire pour ne rien édifier. Aussi n'aperçoit-on dans nos institutions que ruines et chaos.

Il existe, comme l'on sait, dans le parti royaliste, trois sortes d'opinions, savoir : les ministériels, les congréganistes et les partisans de la contre-opposition. Les ministériels et les congréganistes s'entendent fort bien entre eux pour exploiter le pouvoir, quoique ces derniers soient les plus puissans. Quant à la contre-opposition, ceux qui s'attachent à ce parti font un métier de dupes : ils n'ont pour eux ni le présent ni l'avenir.

La mort d'Alexandre d'une part, et les arrêts de la cour royale de l'autre dans le procès du *Constitutionnel* et du *Courrier*, ont singulièrement dérangé les projets des congréganistes. Le seul appui qui leur reste est celui que leur offre les ambitieux et les intrigans.

Les lettres soi-disant apostoliques des évêques, insérées dernièrement dans l'*Étoile*, sur lesquelles on comptait beauconp pour échauffer les esprits, sont tombées presque inaperçues dans le public. Le temps des pétards serait-il passé?

De La Mennais, Bonald et autres obscurantistes auront beau faire des *factums* en faveur des jésuites, ils ne parviendront pas à les rendre populaires en France, quoiqu'ils aient de nombreûx affiliés. Pour être admis à prêcher dans nos villes soumises à leurs pasteurs, ils auront besoin encore long-temps de l'autorité publique et des gendarmes.

Les bonapartistes purs n'existent plus que pour mémoire. Il reste, il est vrai, beaucoup d'admiration pour leur ancien chef, mais elle est sans arrière pensée.

Peu de personnes se doutent qu'il existe en France un parti sous le nom de *Kantiste,* qui a son esprit, ses doctrines et ses espérances qui ne vont pas moins qu'à la conquête du monde. Dire quelles sont les doctrines de ses sectaires, cela serait difficile à expliquer à quiconque n'est pas initié au *mysticisme* de leurs idées; dire quels sont leurs moyens, c'est, si j'ai bien compris, de prendre la société en dessous œuvre par l'imagination, en parlant de vérités universelles, de théories générales, de religion épurée. Cette secte serait fort dangereuse si l'esprit actuel de chaque individu en France n'était pas trop porté vers ce qu'il y a de plus positif dans le monde pour qu'il daignât s'intéresser à leurs doctrines, car elle porte au fanatisme. Les hommes qui en sont les chefs peuvent être de très honnêtes gens et inspirés par les intentions les plus pures, mais dans ces sortes de créations philosophiques, les auteurs n'en voient pas toujours les suites. Ce qu'ils imaginent comme obstacle au mal d'une époque, sert souvent à la tyrannie d'une autre. Des fripons viennent après eux qui se servent de leurs moyens d'empire sur les esprits pour tout brouiller, et organiser la société dans leur intérêt personnel.

Le parti des Kantistes a pour antagoniste et ennemi direct celui des jésuites. Cela explique tout naturellement l'arrestation du professeur Cousin en Prusse.

Les pouvoirs politiques sont institués pour diriger le présent au profit de l'avenir. L'on observe dans les nôtres aujourd'hui bien peu de prévoyance et de sagacité.

À force de condescendances pour les projets de certain parti, les pouvoirs politiques pourront bien parvenir à cet état de discrédit qui fera du gouvernement la proie du premier occupant.

Les chambres sont assemblées, elles discutent déjà. Des discours sont prononcés, comme à l'ordinaire, de part et d'autre ; que leur manque-t-il donc pour créer des lois qui ne soient pas impuissantes dès leur naissance ? rien autre chose qu'un public qui ait confiance en elles et s'intéresse à leurs débats.

Sur les quatre cent membres et plus qui siègent depuis plus de trois ans au côté droit de la chambre des députés, à peine vingt noms d'entre eux sont-ils connus du public.

Une cour d'assises où l'on discute la culpabilité d'un criminel et les circonstances du crime est aujourd'hui un spectacle d'un intérêt bien autrement grand que celui que nous offrent nos assemblées politiques où l'on discute les intérêts de l'état et la fortune de chaque particulier. J'indique cet état de choses sans en tirer des conséquences.

La magistrature de France, telle qu'elle est constituée aujourd'hui, a déjà pour elle l'assentiment de la nation depuis près d'un quart de siècle, sans qu'aucune réclamation ne soit venue compromettre son autorité. Appuyée comme elle l'est sur la considération des masses et l'estime universelle, son existence ne peut plus être attaquée sans que tout soit bouleversé. Cependant, pour qu'elle ne soit pas en butte, dans l'avenir, aux menaces et aux tracasseries d'un ministère brouillon, il ne serait peut-être pas inutile de lui donner une représentation spéciale dans l'une de nos deux chambres. Le corps judiciaire ne doit jamais être tellement distinct des autres corps politiques qu'il ne puisse se soutenir et se défendre contre leurs attaques.

Les journaux politiques ont aujourd'hui une grande puissance ; elle pourrait être à la vérité plus active pour hâter le bien, mais ils en font beaucoup dès lors qu'ils empêchent beaucoup de mal.

———

A voir le nombre des journaux littéraires qui existent aujourd'hui, et l'avidité avec laquelle ils sont lus dans les cafés et les cabinets de lecture, on dirait que l'opposition, telle qu'ils l'entendent, a plus d'intérêt pour le public que celle des journaux politiques eux-mêmes. Il y a en effet des choses tellement étranges, tellement absurdes, que l'on ne doit les combattre que par le sarcasme et le ridicule, car le bon sens du public en fait aussitôt justice. Je crois donc que ces derniers ne feraient pas mal de songer à ce moyen, au lieu d'entasser argumens sur argumens, pour prouver ce dont l'évidence saute aux yeux tout de suite.

———

Maintenant que l'armée de l'opposition ne peut plus combattre en bataille rangée, et qu'elle fait une guerre de temporisation et d'escarmouche, les petits journaux littéraires sont comme des colonnes mobiles et légères qui se trouvent partout pour fatiguer l'ennemi et l'arrêter dans sa marche.

———

Quel homme que le général Foy ! et comme ses discours portent l'empreinte de la noblesse et de la candeur de son ame ! Pourquoi ne s'est-il pas trouvé à une époque où ces qualités auraient pu produire leurs fruits ? Avec la profonde connaissance qu'il

avait des différens services de l'administration géné-
rale, son sens droit à discerner le mal d'avec le bien,
, il n'y a pas de doute qu'il n'eût laissé dans le ministère qu'il eût dirigé une réputation d'honneur, de
talens et de probité égale à celle des plus grands
et des plus vertueux administrateurs. Quiconque
voudra remettre le gouvernement et l'administration dans une voie d'honneur et de loyauté, je le
dis ici en toute assurance, trouvera dans ses œuvres
une source intarissable d'observations justes et de
vues nobles et généreuses, car il n'y a rien de sys-
tématique dans ses idées, et rien en outre qui an-
nonce plus d'imagination que de sens.

L'esprit de spéculation en politique a passé de
mode, et l'on en est heureusement revenu au point
de ne plus voir que les choses positives; aussi l'o-
pinion publique commence-t-elle à comprendre la
vraie situation des choses et à apprécier le caractère
des hommes. Déjà la nation ne s'inquiète plus tant
des projets hostiles de ses adversaires, et se re-
pose sur le sentiment de sa force. Cela indique que
notre avenir ne tardera pas à s'éclaircir.

C'est moins le talent que le caractère de l'homme
qui donne du poids à un ouvrage aujourd'hui dans
le public. C'est un grand éloge pour la génération
actuelle.

Les funérailles du général Foy ont révélé tout l'a-
venir de la France, car une nation qui récompense

ainsi les grands citoyens est déjà digne de la liberté. Elles ont prouvé en outre que l'opinion publique n'est pas détruite, comme on le pensait, mais seulement assoupie.

Paris, port de mer, projet de dupes au profit des fripons.

Les crises financières qui ont agité et agitent encore les différentes contrées de l'Europe, et particulièrement l'Angleterre, auront cela d'avantageux, qu'elles éclairciront toutes les questions qui tiennent au crédit, et éteindront peut-être dans les esprits cette manie des spéculations extraordinaires qui deviennent ridicules à force d'exagération. Après ces preuves nos gros bonnets de la finance renonceront peut-être au projet d'*industrialiser* tout le monde.

Il n'a manqué au banquier L... pour jouer un grand rôle qu'une tête qui comprît les premiers élémens de la politique. Malgré sa position et le nombre immense de ses cliens commerciaux, une seule démarche l'a perdu sans retour dans l'opinion publique.

Il y a bien quelques hommes populaires dans les journaux, mais je ne sais s'il en existe un seul qui le soit bien réellement dans la nation.

Qui saura parler à toutes les gloires nationales en satisfaisant à la fois les intérêts généraux et les ambitions, sera bien puissant en France.

Des lampions, des baguettes d'artifice, des mascarades n'inspirent guère que l'ennui et le dégoût, lorsqu'on les regarde sans exaltation ou sans contentement.

———

L'on a dit dans ces derniers temps que si les choses continuaient, il faudrait se mettre aux fenêtres pour voir passer la monarchie. Cela pourrait bien arriver si l'on ne se hâte de l'appuyer sur les intérêts nouveaux.

———

C'est une question aujourd'hui de savoir si les chambres ont encore assez de crédit pour créer toutes sortes de lois qui puissent produire leurs effets.

———

Toute loi coërcitive qui n'est pas dans les mœurs ou nécessitée par les besoins de l'époque, tombe d'elle-même lorsqu'elle n'est pas d'ailleurs appuyée par une grande puissance matérielle ou une grande puissance d'opinion. Les lois sur la liberté individuelle et la liberté de la presse, qui excitèrent jadis tant d'alarmes, n'ont rempli que médiocrement le but de leurs auteurs ; et depuis, la loi du sacrilège n'a servi qu'à aggraver le châtiment de quelques bandits que la société ne réclame ni ne plaint.

———

L'on ne peut nier que la loi de l'héritage des aînés ne soit indispensable au parti aristocratique pour la consolidation de ses projets ultérieurs ; mais il faut avouer aussi que s'il l'obtient telle qu'il la désire, elle fera sa perte. Quelle famille ne sera pas troublée par cette loi qui ravirait à toutes les femmes et à tous les fils derniers nés la portion d'héritage sur laquelle ils comptaient? Tous les intéressés se soulèveraient contre l'usurpation des pouvoirs législatifs qui oseraient consacrer une si criante infraction aux lois naturelles, et nécessairement deviendraient les ennemis naturels de ceux qui l'ont réclamée. Dans un temps où les libertés publiques ne sont pas encore bien comprises, on a pu les attaquer sans trop de danger, mais attaquer directement les intérêts particuliers des trois quarts des individus, c'est trop d'audace ! Bonaparte dans sa toute puissance n'a pas osé le tenter.

Indépendamment des tracasseries de famille que la loi des aînés, telle qu'elle a été présentée à la chambre des pairs, ne manquera pas d'exciter, ce qu'il y a de plus clair en elle, c'est le bénéfice qu'en doivent retirer les notaires et autres gens de lois.

Avant de réclamer à si grands cris des lois répressives de la liberté de la presse, le parti royaliste devrait bien commencer par inspirer assez de crainte pour qu'on ne parlât pas si librement dans les cafés et dans les places publiques sur toutes les affaires du jour. A moins de cela il est impossible qu'il fasse aujourd'hui une loi sur cette matière qui aille à son but. Le journaliste ou l'écrivain politique ne se croira pas coupable lorsqu'il ne fera que répéter ce qui se dit partout, et les magistrats ne croiront pas pouvoir condamner ce qu'ils auront entendu chaque jour professer dans les salons ou ailleurs. Quand il y a liberté de penser, toute loi destructive de la liberté de la presse est nulle.

————

Les jésuites sont aujourd'hui, à l'égard du gouvernement, ce que les jacobins en 92 étaient à l'égard du gouvernement de l'époque. Ils débordent le ministère actuel comme ceux-ci débordaient le ministère de ce temps-là. Je ne pousserai pas plus loin les rapprochemens entre ces deux sectes, dont le but, la tactique et les moyens se ressemblent en beaucoup de points. La plus grande différence qui existe entre eux, c'est que les jacobins marchaient audacieusement en haillons, et que les autres marchent hypocritement en habit de cour.

————

M. de Villèle tombera malgré toutes les ressources de son esprit, et en tombant il ne lui restera pas même la réputation d'homme de caractère.

————

Grace à l'insuffisance du ministère actuel pour tenir d'une main ferme et sûre le timon de l'état, le gouvernement semble tombé tout entier entre les mains des subalternes. Il faut voir aussi avec quelle ardeur ils l'exploitent à leur profit, et de combien d'intrigues sont environnés tous les actes du pouvoir! Tel qui, après trente années d'un travail assidu, ne devrait se retirer qu'avec un modeste revenu, se retirera après dix ans avec une fortune qui lui permettra d'avoir hôtel à la ville, château à la campagne, équipages somptueux, enfin des salons pour recevoir tout ce que la ville et la cour ont de plus huppé.

———

La tactique parlementaire de M. de Villèle a singulièrement changé de caractère depuis quelques années. Il y a deux ans, après le succès de la guerre d'Espagne, qu'il s'était efforcé d'éviter, elle était tant soit peu impertinente et effrontée ; l'année dernière, elle était un peu plus modeste, et cette année, elle est passablement timide et indécise. Les discours qu'il prononce en public ont bien encore cette imperturbable assurance qui fait le fond de sa politique ; mais certes l'on ne trouve plus dans ses actes la même hardiesse et la même confiance en son étoile. Toute son industrie ne va pas cette année au-delà de l'idée de renvoyer, le plus tôt qu'il pourra, les députés chez eux, comme il a retardé le plus qu'il a pu leur arrivée à Paris. C'est, comme on l'a dit à propos d'une autre infortune, *le commencement de la fin.*

———

Si la colère et le fiel doivent être étrangers à l'homme placé au pouvoir, que dire de celui qui ne fait rien que parce qu'il n'est réveillé de sa honteuse apathie que par le fiel et la colère ?

———

Publius se croit un grand législateur, qui n'est qu'un fat : son existence au pouvoir est une énigme, même pour ses amis.

———

Corbulon, gonflé d'orgueil et plein de suffisance à cause du pouvoir qui lui est confié, se croit autorisé à agir comme il l'entend et à n'écouter que ses passions. Il oublie qu'il y a des gens qui se croient autorisés aussi à dire à l'histoire que celui qui entrave tout le bien qu'il pourrait faire, et fait avec joie tout le mal qu'il pourrait éviter, est un homme odieux et le fléau le plus détestable que le ciel puisse envoyer aux hommes.

———

Tout le monde s'étonne que M. de Villèle soit encore au pouvoir : cependant rien n'est plus facile à concevoir, car il faut avouer que ses antagonistes l'attaquent bien mal.

———

Quel beau rôle il y a à jouer aujourd'hui en France, et combien les circonstances l'ont rendu facile ! Allons donc, MM. C, B, D, M, L, R, P, S, etc. un peu d'adresse et de persévérance, et la France vous comblera de louanges et de bénédictions.

———

M. de Sallabéry et consorts ont manqué leur coup dans la proposition relative au journal du *Commerce*. Au lieu d'une explosion d'indignation à laquelle ils s'attendaient pour provoquer immédiatement la suspension de la liberté de la presse, le journaliste incriminé a trouvé de nombreux défenseurs et l'acte d'accusation a causé plus d'étonnement que d'émotion. Encore un échec comme celui-là, et le ministère pourra bien plier bagage et mettre la clé sous la porte, comme on le dit vulgairement.

———

Le beau mouvement oratoire que celui de M. Par-dessus, lorsqu'il s'écria qu'*un roi ne pouvait s'ennuyer en prison!* Si la simplicité fait le fond du caractère et de l'esprit de cet orateur, pense-t-il n'être entendu que des imbécilles et des sots!

———

Tel député s'est vanté de ne pas lire certains journaux. Comment donc peut-il se faire une idée exacte de l'opinion publique? Ce n'est pas que les journaux soient des organes bien fidèles de tout ce qui se passe dans la société, mais assurément ils en apprennent un peu plus que tels cercles dans lesquels on ne trouve que des piliers d'antichambre.

———

Le *qu'avons-nous donc fait aux Français?* du jeune Grec retentira encore long-temps et sera consigné dans l'histoire. Quelle tache pour notre patrie!

———

Ne pourrions-nous pas dire aux ministres actuels, comme jadis un homme célèbre le fit à toute une assemblée: Qu'avez-vous fait de cette France si riche, si puissante et si brillante de gloire? Depuis que vous êtes au pouvoir, avez-vous rendu ses institutions nationales? avez-vous amélioré son crédit, protégé son industrie, encouragé ses vertus civiques? ses armées sont-elles devenues, je ne dis pas la terreur de nos voisins, mais un moyen de considération et de puissance? Nos lettres et nos arts enfin ont-ils été encouragés de manière à jeter quelque éclat sur l'époque? non, rien de tout cela n'a été fait : car sous votre administration nos institutions ont été sinon bouleversées, du moins elles ont été, on peut le dire .

avilies ; notre crédit a été détérioré ; notre industrie fatiguée de tracasseries ; la morale publique attaquée par la corruption, n'a offert que le scandale public de la vénalité et de l'impudeur ; notre armée a été desorganisée et l'esprit de ses corps anéanti ; la magistrature a vu sa dignité compromise par de scandaleuses accusations ; enfin, les récompenses n'ont atteint que les littérateurs et les artistes qui se sont soumis à vos caprices. Cependant la France, qui verse chaque année dans vos caisses des sommes qui surpassent l'imagination, devait s'attendre à ce que toutes les conditions de votre existence au pouvoir fussent remplies ; si elle n'est pas tout-à-fait dans un état de détresse qui la rende le jouet des autres nations, ce n'est pas à vous qu'il faut en rendre graces, car vous avez tout fait pour l'y amener. L'activité et le zéle de chaque citoyen a entravé tout le mal que vous vouliez faire, soutenu contre vos efforts notre crédit et notre industrie, et l'opinion publique, en protestant hautement contre vos projets insensés, en a empêché les terribles résultats. Graces soient donc rendues au bon esprit de nos concitoyens et fasse le ciel que le monarque sur lequel la France a les yeux tournés, vous rende à l'obscurité et nous délivre ainsi des auteurs de tout le mal !

FIN.

www.ingramcontent.com/pod-product-compliance
Lightning Source LLC
Chambersburg PA
CBHW060713280326
41933CB00012B/2412